ENTIENDE TU
Mente y Tu Cuerpo

Pérdida De La Vista

Hannalora Leavitt and Sarah Harvey

Explora otros libros en:
WWW.ENGAGEBOOKS.COM

VANCOUVER, B.C.

WWW.ENGAGEBOOKS.COM

Péridida De La Vista: Entiende Tu Mente y Tu Cuerpo
Leavitt, Hannalora -
Harvey, Sarah 1950 –
Texto © 2024 Engage Books
Diseño © 2024 Engage Books

Editado por: A.R. Roumanis, Melody Sun
y Ashley Lee
Diseño por: Mandy Christiansen

Texto establecido en Montserrat Regular.
Títulos de capítulo establecidos en Hobgoblin.

PRIMERA EDICIÓN / PRIMERA IMPRESIÓN

Este libro no pretende reemplazar el consejo de un profesional de la salud ni de ser una herramienta para el diagnóstico. Es un medio educativo para ayudar a los niños a entender por lo que ellos u otras personas están pasando.

LIBRARY AND ARCHIVES CANADA CATALOGUING IN PUBLICATION

Title: Vision Loss: Understand Your Mind and Body Level 3 reader / Leavitt, Hannalora
Names: Leavitt, Hannalora, - author, Harvey, Sarah 1950 - author

Identifiers: Canadiana (print) 20200308874 | Canadiana (ebook) 20200308912
ISBN 978-1-77476-788-7 (hardcover)
ISBN 978-1-77476-789-4 (softcover)
ISBN 978-1-77476-791-7 (pdf)
ISBN 978-1-77476-790-0 (epub)
ISBN 978-1-77878-115-5 (audio)

Subjects:
LCSH: Vision Loss—Juvenile literature.
LCSH: Vision Loss in children—Juvenile literature.

Classification: LCC BF723.A4 J66 2023 | DDC J152.4/7—DC23

This project has been made possible in part by the Government of Canada.

Canadä

Índice

4 ¿Qué Es La Pérdida De Visión?

6 ¿Cuál es la Causa de la Perdida de Visión?

8 ¿Cómo Afecta La Pérdida De Visión A Tu Cerebro?

10 ¿Cómo Afecta La Pérdida De Visión A Tu Cuerpo?

12 ¿Cómo Es Vivir Con Pérdida De Visión?

14 ¿La Pérdida De Visión Dura Siempre?

16 Pidiendo Ayuda

18 Cómo Ayudar A Otros Con Pérdida De Visión

20 La Historia De La Pérdida De Visión

22 Superhéroes Con Pérdida De Visión

24 Consejo Número 1 De Cuidado Visual: Hacerse Exámenes Oculares Regularmente

26 Consejo Número 2 De Cuidado Visual: Ver De Lejos La Pantalla

28 Consejo Número 3 De Cuidado Visual: Comer Alimentos Buenos Para La Visión

30 Cuestionario

¿Qué es la Pérdida de Visión?

La pérdida de visión afecta la capacidad de una persona para ver. Puede ser en un ojo o en ambos. Algunas personas solo pierden una pequeña parte de su visión. Otras personas pierden mucho. La mayoría de las personas que tienen **ceguera legal** apenas pueden ver.

PALABRA CLAVE

Ceguera legal: alguien cuya visión es al menos diez veces peor que alguien con visión normal.

Solo el 15 por ciento de las personas con pérdida de visión no pueden ver nada.

La pérdida de visión puede ocurrir rápidamente. Visión borrosa repentina, dolor o destellos de luz pueden significar problemas graves de visión. La pérdida de visión también puede ocurrir durante un largo período de tiempo. Muchas personas desarrollan enfermedades oculares a medida que envejecen.

¿Cuál es la Causa de la Perdida de Visión?

Algunas personas nacen ciegas. Otros tienen problemas de visión más adelante en la vida. Los problemas de visión a menudo son hereditarios. También pueden ser causados por **lesiones**.

PALABRA CLAVE

Lesiones: herida o daño al cuerpo.

Los trastornos o enfermedades de los ojos a menudo pueden cambiar cómo las personas ven. Una de las causas más comunes de ceguera son las cataratas. Una catarata es cuando una parte del ojo está nublada. A menudo sucede cuando las personas envejecen.

Más de la mitad de las personas mayores de 80 años tienen cataratas o se han sometido a una cirugía para corregirlas.

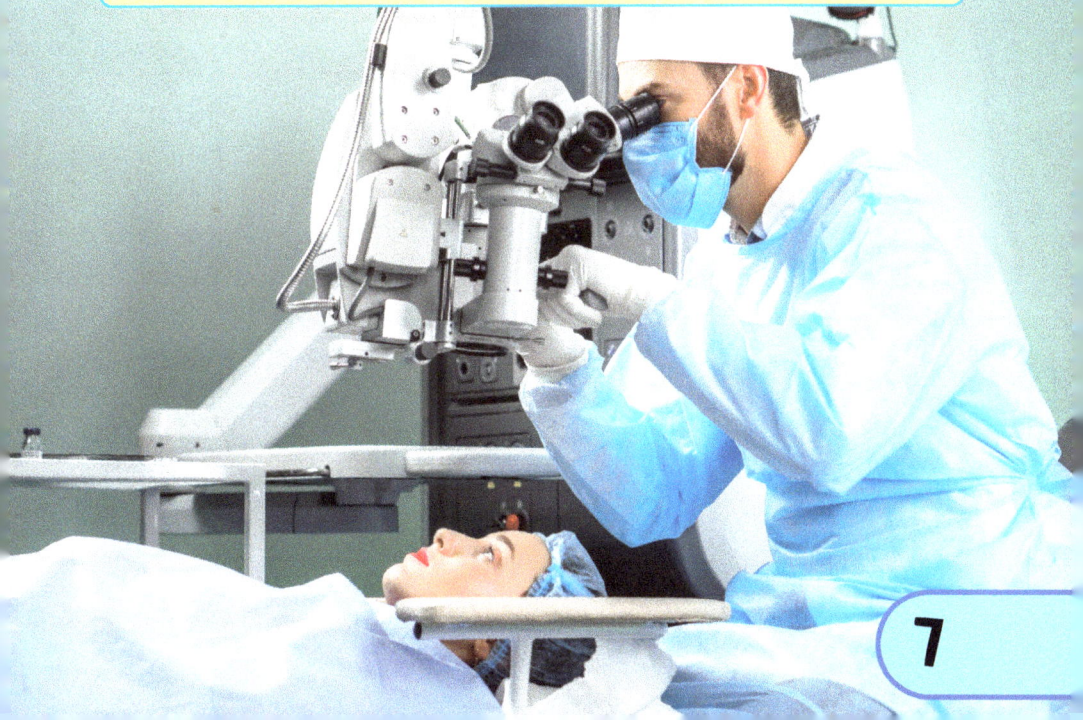

¿Cómo Afecta la Pérdida de Visión a tu Cerebro?

La occipital cortex es la parte del cerebro que ayuda a las personas a comprender lo que ven. Puede cambiar en personas que se quedan ciegas a una edad temprana. Cambia para ayudar a las personas a comprender mejor el sonido o lo que están tocando en lugar de lo que están viendo.

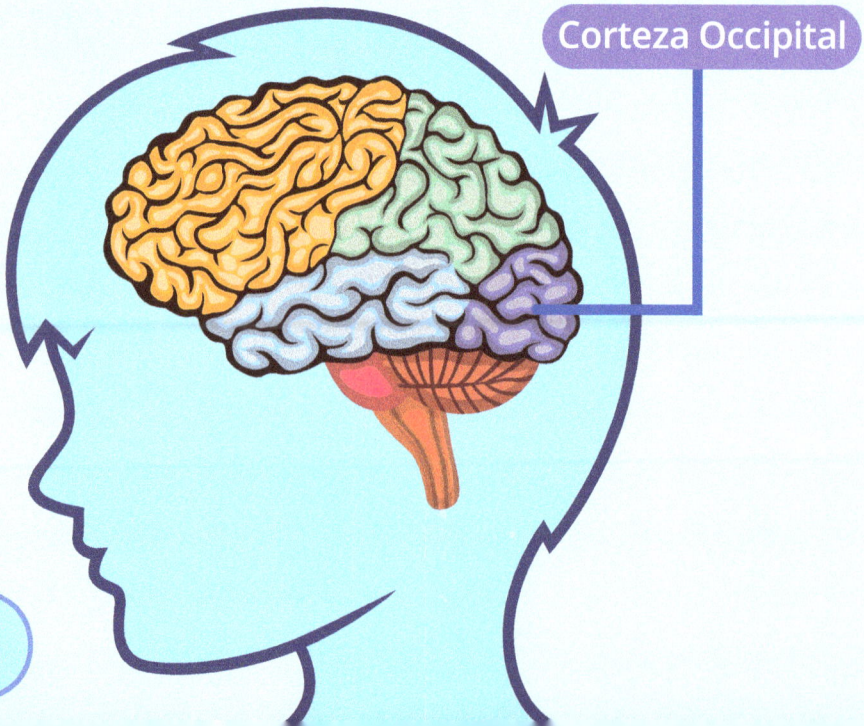

Corteza Occipital

La visión borrosa puede hacer que el cerebro trabaje más para descifrar lo que alguien está viendo. Esto puede llevar a problemas con la memoria o a encontrar las palabras correctas para decir. Esto es más común en las personas mayores.

¿Cómo Afecta la Pérdida de Visión a tu Cuerpo?

Algunas personas con pérdida de visión no hacen suficiente ejercicio. Es difícil para alguien correr o practicar deportes si no pueden ver correctamente. No hacer suficiente ejercicio puede causar problemas cardíacos u **obesidad**.

PALABRA CLAVE

Obesidad: pesar más de lo que es saludable para la edad y altura de una persona.

Muchos adultos mayores con pérdida de visión chocan con objetos que no pueden ver. A veces no pueden ver qué tan abajo está un escalón. Esto hace que se caigan y se lastimen. Estas lesiones pueden ser graves y es necesario que un médico las vea de inmediato.

Las personas mayores con pérdida de visión tienen el doble de probabilidades de caerse que aquellas sin pérdida de visión.

¿Cómo es Vivir con Pérdida de Visión?

Las personas con pérdida de visión pueden llevar vidas plenas y activas. Pueden necesitar aprender nuevas habilidades para ayudarles a hacer actividades que disfruten. Algunas personas con pérdida de visión aprenden a caminar usando un bastón o un **perro guía**.

PALABRA CLAVE

Perro guía: un perro que está entrenado para guiar a personas con pérdida de visión para que puedan caminar de manera segura.

Muchas personas con pérdida de visión aprenden a leer **braille**. También pueden aprender a usar un teléfono celular con comandos de voz. La persona dice lo que quiere que haga el teléfono y el teléfono lo escuchará.

Braille: una forma de escribir cosas usando puntos en relieve que las personas leen con las yemas de los dedos.

¿La Pérdida de Visión Dura Para Siempre?

Aproximadamente el 80 por ciento de la pérdida de visión puede **prevenirse** o tratarse. Los trastornos de la retina son la causa más común de pérdida de visión que dura para siempre. La retina es una parte del ojo que envía mensajes al cerebro sobre la luz que ve.

PALABRA CLAVE

Prevenir: evitar que algo suceda.

La mayoría de las personas con pérdida de visión pueden recibir ayuda. Las personas que han perdido mucha visión pueden necesitar tomar medicamentos o someterse a una cirugía. Las personas que solo han perdido una pequeña parte de su visión pueden ser ayudadas usando gafas o **lentes de contacto**.

PALABRA CLAVE

Lentes de contacto: una fina pieza de plástico que cubre el ojo para ayudar a mejorar la visión de una persona.

Más de 140 millones de personas en todo el mundo usan lentes de contacto.

Pidiendo Ayuda

Pedir ayuda puede ser difícil. Tal vez quieras hacer todo tú mismo. Pedir ayuda cuando la necesitas muestra que te valoras a ti mismo y confías en los demás.

"Me está costando leer mis tareas escolares. Nunca he tenido este problema antes. ¿Qué debo hacer?"

"No puedo ver tan lejos como los otros niños en mi clase. ¿Puedes llevarme a ver a un oculista?"

"¿Puedes ayudarme a hacer las palabras en esta pantalla más grandes para que pueda leer por mi cuenta?"

Cómo Ayudar a Otros con Pérdida de Visión

Si conoces a alguien con pérdida de visión, recuerda ser paciente. Muchos de ellos tienen que aprender a hacer las cosas de manera diferente. Aquí hay algunas formas en las que puedes ayudarlos.

Pregunta antes de ofrecer ayuda. Las personas con pérdida de visión a menudo no necesitan ayuda de otras personas para realizar tareas simples. A muchas personas les gusta hacer cosas por sí mismas si pueden. Siempre pregunta si alguien necesita ayuda antes de ayudarles.

Sé un buen oyente

Si conoces a alguien con pérdida de visión, sé un buen oyente. No hables por encima de ellos. Es importante que se sientan escuchados y que sepan que los apoyas.

No acaricies a los perros guía

Si alguien está caminando con un perro guía, no lo acaricies. Está trabajando. Acariciarlo puede hacer que pierda el enfoque. Esto puede causar problemas para la persona a la que está guiando.

En 2021, había más de 22,000 perros guías trabajando en todo el mundo.

La Historia de la Pérdida de Visión

Valentin Haüy abrió la primera escuela para ciegos en París entre 1784 y 1786. Se llamaba Instituto Nacional para Jóvenes Ciegos. Solo tenía doce estudiantes cuando abrió.

Louis Braille perdió la visión cuando tenía tres años. Inventó el braille en 1824 cuando tenía 15 años. Incluso descubrió cómoescribir música usando braille.

El descubrimiento de **vacunas** y nuevos medicamentos a principios de 1900 ayudó a los médicos a curar muchas de las causas de la pérdida de visión. Las cirugías también mejoraron. Los científicos también desarrollaron nuevas herramientas para ayudar a los médicos a aprender más sobre el ojo y los problemas de visión.

PALABRA CLAVE

Vacunas: un tipo de medicina que evita que las personas se enfermen.

Superhéroes con Pérdida de Visión

Las personas con pérdida de visión pueden hacer casi cualquier cosa que las personas con visión pueden hacer. Aquí hay algunas personas con pérdida de visión que han hecho grandes cosas.

Erik Weihenmayer fue la primera persona ciega en llegar a la cima del monte Everest. Para 2008, había escalado las Siete Cumbres. Estos son los puntos más altos de cada continente.

Dame Judi Dench es una famosa actriz británica. En 2012, dijo que tenía pérdida de visión en ambos ojos. Ella continúa actuando en películas. Ya no puede leer. Familiares y amigos le leen sus líneas.

Stevie Wonder ha sido ciego desde poco después de su nacimiento. El cantante y compositor ha ganado 25 premios Grammy y un premio de la Academia. Ha trabajado mucho para asegurarse de que las personas con pérdida de visión puedan llevar vidas normales.

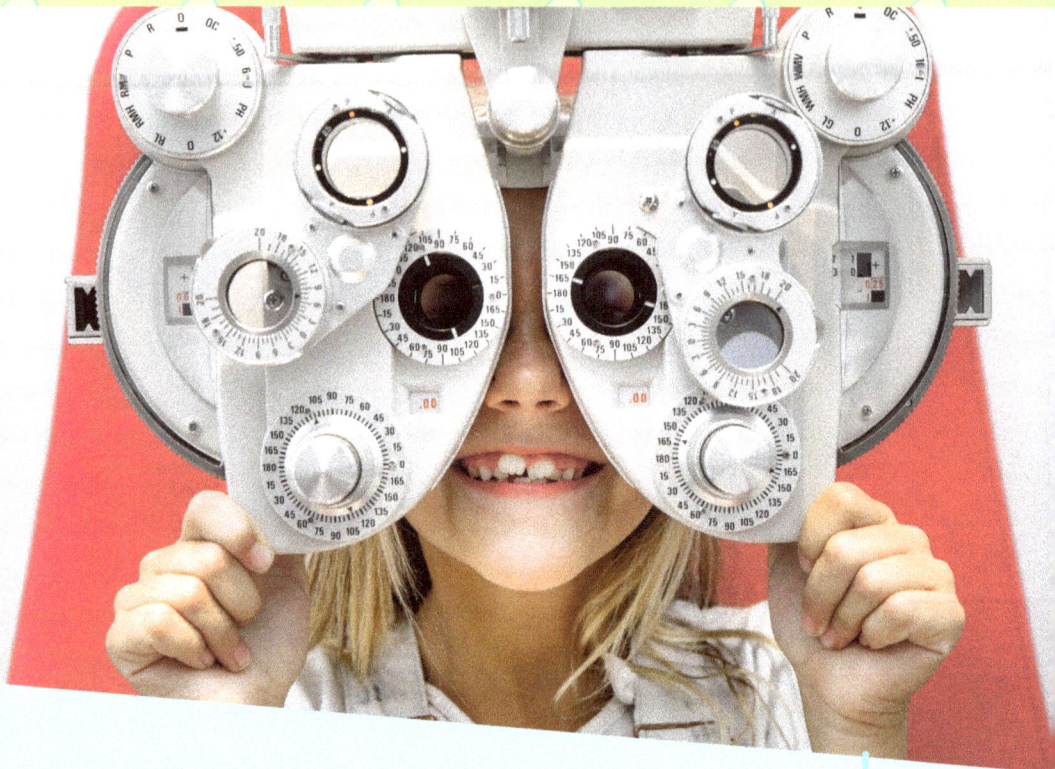

Consejo Número 1 de Cuidado Visual: Realizar Exámenes Oculares Regulares

Un examen ocular muestra si tus ojos están sanos o no y si tu visión es normal. Dura menos de una hora. Puede ser incómodo a veces, pero no es doloroso.

Es posible que te pidan leer letras en un tablero que está a lo lejos. A veces, cámaras especiales tomarán fotografías del interior de tu ojo. Estas herramientas ayudan a los oculistas a **diagnosticar** y tratar afecciones oculares.

PALABRA CLAVE

Diagnosticar: averiguar si alguien tiene una condición médica.

Los niños deben tener su primer examen ocular a los tres años.

Consejo Número 2 de Cuidado Visual: Ver De Lejos La Pantalla

Muchos niños y adolescentes pasan mucho tiempo mirando pantallas. Esto puede llevar a volverse miope. Eso significa que no puedes ver cosas a menos que estén muy cerca.

Para ayudar a evitar que esto suceda, aparta tu mirada de la pantalla cada 20 minutos. Luego enfócate en un objeto a 20 pies de distancia durante 20 segundos.

Consejo Número 3 de Cuidado Visual: Comer Alimentos Saludables para la Visión

Las vitaminas y minerales son **nutrientes** importantes que tu cuerpo necesita para mantenerse saludable. Diferentes alimentos tienen diferentes vitaminas y minerales. Algunos alimentos tienen vitaminas y minerales que ayudan a mantener tu visión saludable. Asegúrate de comer muchos de estos.

PALABRA CLAVE

Nutrientes: algo en la comida que ayuda a las personas, animales y plantas a vivir y crecer.

Alimentos Saludables para la Visión

- Zanahorias
- Fresas
- Kale o Col Rizada
- Almendras
- Semillas de girasol
- Salmón
- Frijoles
- Huevos

- Naranjas
- Pimientos
- Tomates
- Atún
- Espinaca
- Guisantes
- Duraznos
- Pomelos

Cuestionario

Pon a prueba tu conocimiento sobre la pérdida de visión respondiendo las siguientes preguntas. Las preguntas se basan en lo que has leído en este libro. Las respuestas están listadas en la parte inferior de la siguiente página.

1 ¿La pérdida de visión siempre afecta a ambos ojos?

2 ¿Cómo leen braille las personas?

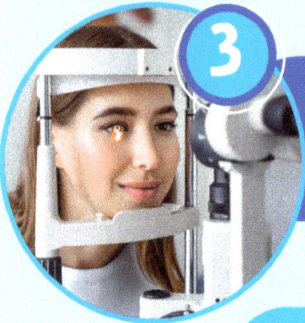

3 ¿Qué porcentaje de pérdida de visión puede prevenirse o tratarse?

4 ¿Dónde estaba la primera escuela para ciegos?

5 Erik Weihenmayer fue la primera persona ciega en llegar a la cima de ¿qué montaña?

6 ¿Cuánto tiempo lleva un examen ocular?

Explora Otros Libros de Nivel 3

LECTORES ATRACTIVOS — NIVEL 3
TDAH

LECTORES ATRACTIVOS — NIVEL 3
Ansiedad
Marley Sun & J Smith

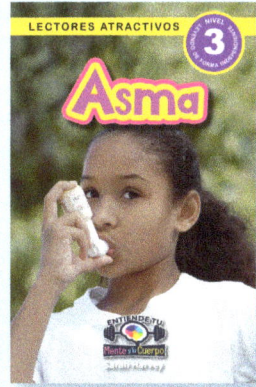
LECTORES ATRACTIVOS — NIVEL 3
Asma

LECTORES ATRACTIVOS — NIVEL 3
Diabetes
Kit Caudron-Robinson

LECTORES ATRACTIVOS — NIVEL 3
Dislexia
Alexis Roumanis

LECTORES ATRACTIVOS — NIVEL 3
Imagen Corporal
Ashley Lee & J Smith

LECTORES ATRACTIVOS — NIVEL 3
Obesidad
Kit Caudron-Robinson

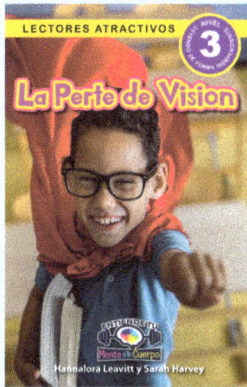
LECTORES ATRACTIVOS — NIVEL 3
La Perte de Vision
Hannalora Leavitt y Sarah Harvey

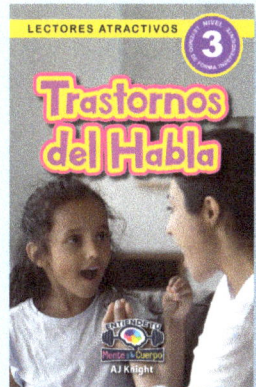
LECTORES ATRACTIVOS — NIVEL 3
Trastornos del Habla
AJ Knight

Visita www.engagebooks.com/readers

Respuestas:
1. No 2. Con las yemas de los dedos 3. Aproximadamente el 80 por ciento 4. París 5. Mount Everest 6. Menos de una hora

www.ingramcontent.com/pod-product-compliance
Lightning Source LLC
Chambersburg PA
CBHW051239020426

42331CB00016B/3441